THÈSE

POUR LA LICENCE

IMPRIMERIE DE Vᵉ SENS ET PAUL SAVY,

RUE DE LA POMME, 60.

—

1852.

MEIS.

THÈSE

POUR LA LICENCE,

EN EXÉCUTION DE L'ART. IV, TITRE II DE LA LOI DU 22 VENTOSE, AN XII

SOUTENUE

Par M. DELRIEU (Numa),

Né à Touffailles (Tarn-et-Garonne).

JUS ROMANUM.

IMP. JUSTINIANI INSTITUTIONUM

LIB. III, TIT. XXVIII.

De obligationibus quœ quasi e contractu nascuntur.

Præter diversas obligationes quæ e contractu aut e malificio nascuntur, est adhuc aliud genus obligationum quæ nec e contractu nec e maleficio originem ducunt, sed e quibusdam factis

1

quæ vinculum juris pariunt inter contrahentes et quas propter ea dicimus nasci quasi ex contractu.

Inter eas præsertim, numerandum est quæ *negotiorum gestione,* tutelæ *administra tione, rei communis indivisione, hœreditatis acquisitione et indebiti solutione* oriuntur. Nam inter eos qui his ipsis factis obliguntur non intervenit consensus expressus, et tamen nascitur obligatio quasi ex causâ contractui simillimâ.

His generaliter positis de unâ quâque harum obligationum breviter disseramus.

§ I.

De negotiorum gestione.

Negotiorum gestio oritur quùm aliquis, sine ulllo mandato, bonorum administrationem absentis suscepit. A procutarore negotiorum gestor distinguitur quod, prior mandatum alienum recipit, et quod posterior sine mandato administret. Uterque verò administrationis suæ rationem reddere tenetur et damnum reparare, si aliquid commiserit.

E negotiorum gestione duplex actio sequitur, quæ nobis amplecti videtur mutuas obligationes facto gestionis productas, alia directa, alia autem contraria.

Actio directa domino rei gestæ competit adversus negotiorum gestorem qui rationem administrationis suæ reddere debet, ut suprâ diximus. Contraria autem negotiorum gestori adversùs rei dominum ut ei restituat sumptus quos fecerit in administratione a negotiorum gestore, qui non rogatus præstitit officium sicut à procuratore, qui sine mandato non administravit, maxima et exactissima exigi potest diligentia et prior etiam qui sponte suâ alienis negotiis gerendis se obtulit nobis arctiùs teneri videtur quàm posterior ; non distat à depositario qui se deposito recipiendo dedit.

§ II.

De Tutelæ administratione.

Tutor pupillo datur sæpissime invitus , mandatum accipit quod dimittere non potest. Inter eum et pupillum nullus consensus intervenit nec directâ nec indirectâ viâ. Attamen ergâ pupillum tutor tenetur non minùs quàm si ab illo mandatum expressum accepisset.

Maximam diligentiam tutor adhibere debet in rebus pupillari⁻ bus uti pater familias. Non solùm damnum præstare cogitur sed etiam lucrum quod omisit.

Duplex oritur actio tutelæ : directa quæ pupillo competit , finitâ tutelâ , ergâ tutorem ; contraria quœ tutori datur contrâ pupillum ut sibi restituat sumptus legitimos quos fecit in administratione.

§ III.

De indivisione rei communis.

Si res aliquæ inter plures communiter possideatur , aut sine pacto, aut sine societate , tunc inter eos nascitur obligatio quæ neque e maleficio neque e contractu orta est. Qui rem gessit ergà alios tenetur , ut fructuum perceptionis rationem reddat et lucrum communicet ; alii verò ergà illum tenentur ad sumptus restituendos , quod efficitur actione *communi dividundo* , si bona sint indivisa , et actione *familiæ erciscundæ*, si sint cohæredes.

Actio ista similis est ei quæ e contractu societatis oritur et quæ *pro socio* appellatur.

§ IV.

De acquisitione hœreditatis.

Hæres, aditâ hæreditate, intelligitur se obligavisse erga legatarios ad omnia legata eis præstanda, et etiam ergà creditores hæreditatis. Qui enim successionis emolumentum habet et onus ejusdem successionis habere debet.

Attamen non legatarii cum hærede nec hæres cum legatariis aut creditoribus contraxerunt, sed hæreditatem adeundo, hæres obligationem cepit quæ in actionem résolvitur e *testamento* appellatam.

§ V.

De solutione indebiti.

Qui per errorem facti solvit quod ab eo non erat debitum obligationem imposuit accipienti id restituendi ; quæ etiam obligatio quasi ex contractu oritur.

Is enim qui solvit eo impulsus est animo ut obligationem suam extingueret vel ut donationem faceret. Si verò nec obligatus esset, nec donare voluerit, frustrâ aliquid solverit et in eo casu per errorem solvisse censetur. Contrâ accipientem habebit actionem, quæ *condictio indibiti* appellatur.

Quod si ille qui solvit obligationem naturalem extinguere voluit, tunc omni actione destitutus est ; valet solutio quæ effectum habuit quamdam obligationem eripiendi. Non datur furiosis et impuberibus *condictio indebiti*. Nàm eis alienare prohibitum est, sed tantùm actio quæ vocatur *vindicatio*, si res soluta nundum extincta fuerit.

Ergà quod per errorem solutum est, etsi non debitum, non datur etiam condictio indebiti, quùm solutio per transactionis modum in lite cum adversario facta est.

CODE NAPOLÉON.

TITRE XVIII.

Des priviléges et d'hypothèques. — Art. 2114 à 2166.

DISPOSITIONS PRÉLIMINAIRES.

L'hypothèque est une des institutions les plus essentielles à une nation civilisée : c'est l'hypothèque, en effet, qui facilite toutes les transactions en les environnant de plus de solidité et d'une plus grande garantie. Son importance lui a fait subir une foule de modifications, et encore de nos jours la jurisprudence fait tous ses efforts pour la rendre plus simple, plus facile et moins onéreuse au débiteur sans diminuer les sûretés du créancier. De tout temps la législation a revêtu, sur ce point, les formes les plus variées.

Le système hypothécaire des Grecs consistait dans un moyen d'inscription éphémère ; une colonne, posée sur la propriété grevée, constituait l'hypothèque. Les Romains, au contraire, dans le but de ne point compromettre le crédit du débiteur, tombèrent dans l'excès contraire ; ils n'admirent aucun moyen de publicité. En France, ce n'a été que sous la république, qu'une loi a ramené l'application des idées justes, émises par d'éminents jurisconsultes qui avaient essayé en vain de les faire mettre en pratique. Enfin le Code Napoléon, profitant des dispositions des lois de l'an 3 et de l'an 7, nous a donné un régime hypothécaire qui, malgré ses sages prévoyances, est appelé de jour en jour à subir d'importantes modifications.

Ayant à traiter des hypothèques de l'article 2114 à l'article 2166, pour faciliter cette tâche, nous la diviserons en quatre parties : la première comprendra les principes généraux relatifs aux hypothèques, et combien d'espèces on en distingue, — dans la seconde nous examinerons le rang qu'elles occupent entr'elles, — la troi· sième contiendra leur mode d'inscription, — et la quatrième enfin nous apprendra les modes de réduction et de radiation.

CHAPITRE Ier.

Principes généraux relatifs aux hypothèques. — Combien de sortes d'hypothèques distingue-t-on.

Qui s'oblige, oblige le sien ; cet adage a été de toutes les époques, et a été sanctionné par toutes les législations. Mais un tel principe seul ne pouvait rassurer le créancier qui n'avait pas trop de confiance en son débiteur. Le créancier pouvait, il est vrai, exercer une action sur les biens mobiliers et immobiliers de son débiteur, mais il n'avait cette action qu'à raison de la personne. Si le débiteur aliénait, le lien, qui unissait sa personne à la propriété, étant rompu, et la chose passant dans les mains d'un tiers, le créancier perdait tous ses droits sur la chose. Aussi le législateur, dût-il, pour sûreté de la créance, permettre au créancier de suivre la chose, dans quelques mains qu'elle passât ; et pour appliquer le mot latin *ejus ossibus adhæret ut lepra cuti* à la loi française, un droit réel lui fût conféré par hypothèque.

L'hypothèque est un droit réel sur les immeubles affectés à l'acquittement d'une obligation (dit le Code) ; il s'ensuit que la chose doit être considérée comme obligée à l'acquittement de la dette, qu'elle peut être vendue en justice, pour que le créancier soit payé sur le prix, qu'il n'y a que les immeubles qui puissent être affectés d'hypothèque, et que l'hypothèque, étant un droit accessoire, ne peut avoir pour base qu'une obligation (déclarée valable par la loi).

Les caractères principaux de l'hypothèque sont : 1° qu'elle est indivisible, c'est-à-dire que la portion la plus minime de l'immeuble hypothéqué est grevée de la totalité de l'hypothèque, — *est tota in tote, et tota in qualibei parte ;* 2° qu'elle suit les immeubles dans quelques mains qu'ils passent.

Elle est, disons-nous, indivisible ; elle l'est de sa nature, mais non de son essence ; dès-lors, les parties pourraient, par des stipulations expresses, convenir que l'hypothèque, dans ses effets , se divisera , et que, par exemple, la moitié de la créance étant remboursée , l'hypothèque ne conservera plus son effet que pour moitié , ou que, le décès du débiteur arrivant, chacun des héritiers ne sera poursuivi hypothécairement que pour sa part héréditaire ; en second lieu, elle suit les immeubles dans quelques mains qu'ils passent : il s'ensuit de là que le créancier chirographaire n'a pas des droits aussi larges que le créancier hypothécaire. Les biens du débiteur sont, il est vrai, le gage commun de ses créanciers ; mais cela ne s'applique qu'aux biens qui sont en la possession du débiteur ; ces immeubles étant aliénés, le créancier chirographaire n'a plus aucun droit sur eux , il ne peut les suivre dans les mains du tiers détenteur.

Le Code reconnaît plusieurs espèces d'hypothéques ; l'hypothèque *légale,* l'hypothèque *judiciaire* et l'hypothèque *conventionnelle.*

Elle est *légale*, lorsqu'elle résulte de la loi ; toutes les hypothèques sont évidemment légales, en ce sens que c'est la loi qui règle les conditions de son existence ; mais les premières ont spécialement la qualité de légales, parce qu'elles résultent de la seule force de la loi, sans qu'aucune convention, ni aucun acte judiciaire ne vienne leur donner naissance.

L'hypothèque *judiciaire* est celle qui résulte des jugements ou actes judiciaires.

L'hypothèque *conventionnelle* est celle qui dépend des conventions et de la forme extérieure des actes et des contrats.

Les Romains comptaient jusqu'à vingt-cinq causes d'hypothèque légale ; celles que reconnaît notre Code sont : celle de la femme mariée sur les biens du mari à raison de sa dot ; celle des mineurs et interdits sur les biens de leur tuteur ; celle de l'état, des communes et des établissements sur les biens des receveurs et administrateurs comptables.

On distingue encore plusieurs autres hypothèques légales que le Code n'a pas énuméré ; par exemple : celle au profit de la masse des créanciers du failli, aux termes des art. 490 et 517 du Code de commerce. Cette même hypothèque est encore attachée aux droits du légataire sur les biens de la succession, pour le paiement de son legs.

Les hypothèques légales étant toutes accordées par la loi à cause de la nature de la créance, ressemblent assez sous ce rapport aux priviléges, et on aurait pu concevoir que la loi rangeât ces diverses créances parmi les créances privilégiées ; mais la loi a voulu les différencier des priviléges qui passent toujours avant toutes les hypothèques, tandis que les hypothèques légales ne passent pas avant les hypothèques qui leur sont antérieures, et elles ne peuvent prendre rang que d'après la date de leur inscription ou bien d'après l'époque des faits qui constituent leur origine.

L'hypothèque judiciaire est celle qui résulte de tout jugement emportant condamnation, peu importe que le jugement soit contradictoire, par défaut, définitif ou provisoire; le juge même serait-il incompétent à raison de la matière, que le jugement n'en conférerait pas moins hypothèque. L'hypothèque, selon le texte, peut résulter d'un acte judiciaire; il faut distinguer dans ce cas si le fait que constate l'acte emporte obligation ou non, car, dans le dernier cas, il n'y a pas hypothèque; ainsi, par exemple, les reconnaissances faites en conciliation — dans ce cas il n'y a pas jugement. — Les actes émanés de l'autorité administrative confèrent hypothèque alors qu'ils portent des condamnations ou donnent des contraintes, ils sont considérés comme actes judiciaires.

L'hypothèque judiciaire a cela de commun avec l'hypothèque légale qu'elle frappe les biens à venir du débiteur aussi bien que les présents (sauf les restrictions établies par la loi) et elle en diffère en ce sens qu'elle doit subir la formalité de l'inscription, attendu qu'elle ne date que du jour de l'inscription, formalité qui n'est pas indispensable pour l'hypothèque légale.

L'hypothèque conventionnelle résulte d'un contrat accessoire et solennel contracté par une personne capable d'aliéner; elle affecte un ou plusieurs immeubles spécialement nommés. — Pour que l'hypothèque conventionnelle soit valable, il faut : 1° l'existence d'une obligation principale; 2° la détermination de la créance ; 3° la capacité d'aliéner de la part du constituant ; 4° l'authenticité de l'acte ; 5° la désignation de la nature et de la situation des immeubles.

L'hypothèque constituant un droit réel, il s'ensuit, avons-nous dit, que le constituant doit être capable d'aliéner et propriétaire de l'immeuble affecté d'hypothèque. — Ainsi, les tuteurs administrateurs ne peuvent consentir une hypothèque sur les biens dont ils n'ont que la gestion; il en est de même de ceux qui sont envoyés en possession provisoire des biens d'un absent. — L'interdit, le prodigue, le mineur, même émancipé, (sauf le cas exprimé à l'art. 6 du Code de Commerce) ne peuvent constituer hypothèque.

Toutefois la ratification fournie par les incapables , lors de leur majorité ou réintégration, validerait l'inscription hypothécaire qui , dans tous les cas, ne pourrait nuire aux droits acquis par des tiers dans l'intervalle.

La condition de propriétaire , énoncée plus haut, est susceptible de modifications dans le cas où le débiteur n'est propriétaire que conditionnellement; l'hypothèque peut , en effet, être consentie , mais elle est soumise aux mêmes conditions que le droit de propriété; cette disposition est fondée sur cette maxime : *Nemo plus juris in alium transferre potest quàm ipse habet.* (9 mars 1847.) La Cour de Cassation a décidé , toutefois, que l'hypothèque consentie par une femme sur un immeuble dont elle n'est propriétaire qu'en apparence, tandis que le mari est réellement propriétaire , serait valable, le mari étant présent et consent.

Il faut un acte authentique. L'acte authentique est celui qui est reçu par un officier public avec les solennités requises, dans le lieu où il a le droit d'instrumenter et dans les formes voulues par la loi. Un acte sous seing privé pourrait, cependant, conférer hypothèque, s'il était reconnu par le débiteur devant notaire, ou s'il a été déposé par lui chez un notaire, — alors l'acte sous seing privé prend le caractère d'authentique.

Il faut spécialiser et déterminer la nature des immeubles. Ainsi cette clause en usage autrefois : « *les parties hypothèquent tous leurs biens à l'exécution de leur obligation ,* » serait sans effet, même à l'égard du débiteur. — Il n'est pas nécessaire de désigner chaque pièce de terre, il suffit de dire que le domaine grevé consiste en bâtisses, terres labourables, etc. , et la détermination de la commune, ainsi que la partie de la commune (la rue par exemple). Quant à l'énonciation de la somme pour laquelle l'hypothèque est consentie, si l'obligation est indéterminée on doit prendre inscription jusqu'à concurrence d'une valeur estimative expressément déclarée par le créancier, mais réductible s'il y a lieu.

Pourvoyant à la sûreté de la créance , la loi déclare que si les

biens hypothéqués deviennent insuffisants, le créancier peut
demander le remboursement de la créance ou un supplément
d'hypothèque; la loi dit : « Dans les cas où il y a perte totale ou
partielle, ou dégradation dans les immeubles, que décider au cas
de dépréciation? » Certains auteurs, ne considérant que l'intérêt
du créancier, ont renfermé ce cas dans les précédents. Cependant il faut aussi tenir compte de la perte que fait le débiteur en
crédit, à mesure qu'on voit ses biens hypothéqués; et nous déciderons sans hésiter que le débiteur, dans le cas de dépréciation
survenue par l'effet des circonstances qu'il ne pouvait éviter, n'est
pas sujet au remboursement, pas plus qu'au supplément d'hypothèque.

CHAPITRE II.

Du rang que les hypothèques ont entre elles.

L'hypothèque existant, il s'agissait de lui donner une certaine
publicité afin que, dans les transactions, les parties fussent à même
d'apprécier leur solvabilité réciproque, et pour que celui qui avait
une première inscription sur les biens du débiteur pût se colloquer,
lors de la vente des biens, avant les créanciers dont l'hypothèque
était postérieure à la sienne. C'est pour procurer ces avantages
que la loi a déclaré que les hypothèques ne prendraient rang que
du jour de l'inscription. Nous verrons au chapitre suivant en quoi
consiste cette inscription et quelles sont les formalités à remplir.

L'hypothèque sans inscription ne fournit aucune garantie, elle
est inerte pour le créancier, et malgré l'authenticité de son titre,
ce dernier ne jouirait que des droits attribués aux créanciers chirographaires en venant concurremment avec eux. Toutefois, la
loi, par une sage prévoyance, n'a pas voulu que les mineurs et

les femmes mariées fussent victimes de la négligence et parfois même des fraudes dont le tuteur et le mari pourraient se rendre coupables. Voulant les protéger contre l'impuissance où ils sont de veiller à leurs intérêts par suite de la dépendance où ils se trouvent, elle rend l'existence de l'hypothèque qui garantit leurs droits indépendante de l'inscription. Ainsi, nonobstant l'inscription hypothécaire, l'hypothèque subsiste au profit du mineur sur les biens de son tuteur à *raison de la gestion* de ce dernier, c'est-à-dire pour garantir les sommes dont il pourra se trouver reliquataire, à la fin de la tutelle. Cette hypothèque existe du jour de l'acceptation de la tutelle ou bien du jour de l'entrée en gestion, car pour nous ce n'est qu'une et même chose, malgré la distinction que semble vouloir faire l'article 2194 qui ne prévoit que le cas de tutelle dotive. L'entrée en gestion date du jour où la nomination est notifiée, notification qui doit se faire aux termes de l'article 882 du Code de Procédure.

La même hypothèque est dispensée de l'inscription lorsqu'elle est au profit de la femme mariée pour raison de sa dot. Elle date du jour de la célébration civile du mariage. S'il s'agit de biens paraphernaux ou même de biens dotaux (dans le cas où la femme est séparée de corps et de biens avec son mari) dont l'aliénation a été permise par contrat de mariage, l'hypothèque date du jour où les sommes ont été versées entre les mains du mari, d'après un arrêt de la Cour de Cassation du 4 janvier 1815. — La loi prescrit aux tuteurs et aux maris de prendre eux-mêmes, sur leurs biens personnels, l'inscription d'hypothèque légale à laquelle ils sont affectés. Elle sanctionne cette obligation en prononçant la peine de stellionnat contre ceux qui ont consenti des hypothèques ou laissé prendre des priviléges sur les biens frappés d'une hypothèque légale, sans déclarer expressément qu'ils sont grevés de cette charge. Cette règle est absolue ; aussi la cour suprême a-t-elle décidé qu'il ne suffirait point que les tiers eussent connaissance de la tutelle et du mariage.

Le subrogé-tuteur doit, à peine de dommages-intérêts, faire inscrire, en cas de négligence de la part du tuteur, l'hypothèque du mineur. Lorsque les maris, tuteurs, subrogés-tuteurs, ne prennent point inscription, la loi charge le procureur du roi de le faire, et confère aux parents du mari, à ceux de la femme et du mineur, aux amis de ce dernier, la faculté de requérir l'inscription. La femme et le mineur n'ont besoin, à cet effet, d'aucune autorisation.

CHAPITRE III.

Du mode d'inscription des hypothèques.

L'inscription donne un rang à l'hypothèque et confère un droit de suite. Cette inscription se fait au bureau des hypothèques, dans l'arrondissement duquel sont situés lee biens soumis à l'hypothèque.

Les inscriptions qui ont été prises le même jour assurent aux créanciers le même rang : on n'a égard ni à l'heure, ni au moment précis où l'hypothèque a été prise.

Lorsque plusieurs immeubles sont grevés de la même hypothèque, il faut faire autant d'inscriptions qu'il y a de bureaux différents. Aucun délai péremptoire n'est déterminé, tant que l'immeuble grevé appartient au débiteur. — Après avoir déterminé le lieu où doit se faire l'inscription, la loi fixe la manière de l'opérer; il faut d'abord la représentation du titre ou une expédition en forme ; cependant cette représentation n'est pas mentionnée sur les registres du conservateur, d'où il suit que l'inscription serait toujours valable quoique prise sur la vue d'une signification contenant copie du titre; deux bordereaux doivent être présentés en même temps, nous dirons plus bas ce qu'ils doivent renfermer. Ces bordereaux ne sont représentés que dans l'intérêt de l'inscrivant et du conservateur ; dans l'intérêt du premier, pour que l'inscription soit prise conformément aux énonciations que renferme le titre ; dans l'intérêt du dernier, pour qu'aucune responsabilité ne pèse sur lui, d'où il suit que quant à la validité de l'inscription, la représentation des deux bordereaux n'est pas essentielle, car on ne consulte que les registres ; peu importe aux créanciers et au débiteur le contenu des pièces produites ; l'un des deux bordereaux doit rester dans les mains du conservateur, afin qu'il puisse prouver, au cas de contestation, que les erreurs ne proviennent pas de son fait.

Les indications que doivent contenir les bordereaux sont : 1° les nom, prénoms, profession et domicile élu du créancier ; cette dernière énonciation de domicile élu est exigée afin d'épargner aux tiers qui poursuivent l'ordre, l'embarras de signifier les actes de procédure à des créanciers dont le domicile réel serait fort éloigné ; cependant, cette énonciation manquant, la nullité de l'inscription ne pourrait être prononcée. 2° Les mêmes désignations sont exigées à l'égard du débiteur, sans que toutefois leur omission puisse être regardée comme capable d'annuler l'inscription, pourvu que l'on donne une désignation individuelle et spéciale à laquelle le conservateur puisse reconnaître le débiteur. 3° La date et la nature du titre, afin que les tiers puissent savoir s'il n'est pas postérieur à l'inscription, et pour reconnaître si le créancier jouit d'un privilége ou d'une simple hypothèque. La mention de la nature du titre n'est point une formalité substantielle ; il suffit que le titre soit indiqué de manière à rendre possible la vérification de la légitimité de la créance. 4°. Le montant du capital de la créance, afin de faire connaître les charges qui grèvent l'immeuble. Si la créance est indéterminée, le créancier doit en faire une évaluation, lors même que l'obligation serait éventuelle ou conditionnelle ;

5° La désignation des biens qui se trouvent grevés de l'hypothèque. Nous ne nous étendrons pas sur cette formalité, attendu qu'il

en a été question plus haut. Cette dernière formalité n'est pas exigée pour les hypothèques légales de la femme et du mineur. L'article 2153 du Code indique les diverses énonciations que doivent
contenir les bordereaux pour l'inscription des hypothèques légales de l'état, des communes , des établissements publics sur les
biens des comptables, des mineurs ou interdits sur les biens de
leur tuteur, et des femmes mariées sur les biens de leurs époux ;
il résulte clairement de cet article que le requérant est dispensé
de représenter des titres, de mentionner l'exigibilité, de déterminer le montant des créances conditionnelles et éventuelles.

Sous l'ancienne jurisprudence, on admettait que l'inscription
conservait pour un nombre indéfini d'années les intérêts. L'article
2151 a réformé cette jurisprudence ; le créancier ne conserve au-
jourd'hui par son inscription que les intérêts de deux années et la
courante ; il peut prendre des inscriptions particulières au fur et
à mesure des échéances des intérêts.

La loi accorde au créancier la faculté de changer sur le registre
des hypothèques le domicile par lui élu, à la charge par lui d'en
choisir et indiquer un autre dans le même arrondissement. Le
cessionnaire ne le peut que tout autant que l'acte de cession est
authentique. Cette authenticité est exigée pour éviter les fraudes
auxquelles pourrait donner lieu un acte sous seing privé.

Les inscriptions périment chaque dix ans ; tout effet cesse par la
péremption. Le créancier est donc tenu, s'il veut conserver ses
droits, de renouveler son inscription avant l'expiration du délai.
Le conservateur n'est pas tenu du renouvellement, s'il n'en est
pas requis. On sait que dans les dix années, le jour où l'inscription a été prise ne se compte pas (*Dies à quo non numeratur*) ; ainsi
une inscription, prise le 30 juillet 1850, devra être renouvelée, au
plus tard, le 30 juillet 1860.

Lorsque le créancier veut faire renouveler, il lui suffit d'expri-
mer que l'on entend renouveler une inscription prise tel jour. Les
frais d'inscription sont à la charge du débiteur. Les fonctions de

tuteur étant gratuites, il ne doit point supporter personnellement les frais de l'inscription ; il a le droit de les répéter contre le mineur. Le mari, au contraire, profitant des intérêts de la dot, doit supporter les frais de l'inscription prise contre lui.

CHAPITRE IV.

De la radiation et réduction des inscriptions.

Lorsque un ou plusieurs immeubles, grevés d'hypothèque, se trouvent d'une valeur bien supérieure à la créance pour laquelle l'inscription a été requise, la réduction peut avoir lieu du consentement des parties, ou à défaut, par jugement.

Il y a lieu à réduction, par exemple, lorsque l'hypothèque légale d'un mineur frappe deux domaines séparés du tuteur. Les charges du tuteur étant purement gratuites, et celui-ci assumant sur sa tête une grande responsabilité, on conçoit que la loi ait voulu préserver l'incapable de toute fraude ; mais elle ne devait point pour cela tomber dans l'extrême et paralyser toutes les facultés de transaction que possédait le tuteur ; aussi a-t-elle reconnu que lorsque un seul des domaines hypothéqués suffisait pour garantir le mineur contre toute malversation, le tuteur aurait un droit à la réduction de l'inscription prise. Il doit, pour cela, demander l'autorisation au tribunal, dans le ressort duquel l'inscription a été prise. Les formalités à suivre pour cette réduction, sont réglées par l'article 2159. Ces dispositions s'appliquent à toutes les hypothèques légales et judiciaires.

La radiation d'inscription est volontaire ou forcée. Elle est volontaire lorsqu'elle a lieu du consentement des *parties intéressées*. On entend par parties intéressées, le créancier et ses représentants ; dans une succession encore indivise, le consentement de tous les héritiers serait nécessaire ; il faut ensuite la capacité à cet effet ; ce qui exclut les interdits et les mineurs même émancipés , si ce n'est pour fait de commerce dans le cas où le mineur est commerçant et a été autorisé à cet effet. Le mineur, pour consentir une radiation, doit se faire assister de son curateur (dans le cas d'émancipation). Si la dette subsiste encore , il doit être autorisé par le conseil de famille.

Le mari, dans le cas où il est commun avec sa femme, a droit de donner main-levée d'une hypothèque de la femme frappant un immeuble appartenant à un tiers, car lui seul a qualité pour toucher cette créance. Il en serait de même si les époux avaient adopté le régime dotal, si la créance fesait partie de la dot Lorsqu'il s'agit de dégager un immeuble appartenant au mari, d'une inscription prise pour sûreté des indemnités qui pourront être dues à la femme, la radiation ne peut avoir lieu qu'en observant les formalités prescrites par les articles 2144 et 2145.

Un jugement ne peut ordonner la radiation d'une inscription que tout autant qu'il est en dernier ressort ou qu'il est passé en force de chose jugée. Un jugement est passé en force de chose jugée, lorsque aucune demande n'a été formée dans les délais prescrits pour l'opposition ou l'appel. Que décider si le jugement est exécutoire par provision? La radiation peut-elle avoir lieu valablement? Une décision ministérielle, du 25 fructidor an XII , a décidé l'affirmative.

Le conservateur, pour rayer une inscription, doit exiger un acte authentique portant consentement, car il pourrait être facilement surpris, si l'on admettait les titres sous seing privé. Afin de mettre sa responsabilité à couvert , il doit retenir expédition des actes ou jugements produits ; dans le cas où l'acte authentique serait nul pour vice de formes, il ne peut refuser la radiation, car il n'est pas juge de la validité de l'acte.

En principe, la demande en radiation doit être portée devant le tribunal dans le ressort duquel l'inscription a été prise, c'est-à-dire devant le tribunal de la situation des biens. Cependant, cette règle souffre exception ; par exemple : un jugement condamne *primus* à payer à *secundus* 2,000 fr., si un événement prévu arrive ; en vertu de ce jugement, *secundus* prend hypothèque sur les immeubles que *primus* possède à Toulouse ; mais des contestations s'élèvent entr'eux, sur le point de savoir si l'événement est arrivé : ces contestations sont portées devant le tribunal de Lyon ; il n'est pas douteux que ce tribunal devra connaître incidemment de la demande en radiation.

Enfin, la radiation doit avoir lieu lorsque l'inscription a été illégalement prise, ou lorsque les droits conférant hypothèque sont effacés par les voies légales, c'est-à-dire lorsqu'on a observé les divers modes prescrits pour obtenir leur extinction (art. 2160).

DROIT COMMERCIAL.

LIVRE II. — TITRE X.

Des Assurances. — Objet de l'Assurance.

L'assurance , considérée dans son sens général, est un contrat par lequel une personne qu'on nomme *assureur* s'engage envers un autre appelée *assuré*, moyennant une certaine somme appelée *prime d'assurance*, à réparer les détériorations ou pertes que des choses pourraient éprouver par suite de cas fortuit.

Les risques de la navigation étant les plus fréquentes et intéres. sant au plus haut point le commerce , ont donné la première idée du contrat; d'assurance, qui est aléatoire. Le contrat d'assurance maritime est une convention par laquelle un individu s'engage envers un autre à répondre, moyennant une somme fixe , appelée prime , des risques de la navigation auxquels sont exposés cer- tains objets désignés dans la convention.

Les premiers monuments législatifs qui fassent mention du con- trat d'assurance maritime remontent au commencement du 14ᵉ siècle. L'idée de ce contrat dut sans doute sortir du prêt à la grosse , qui en contenait, pour ainsi dire, les principes. Mais c'est principalement sous l'influence du développement commercial des Italiens, et surtout de la découverte du nouveau monde, que prit naissance le contrat d'assurance maritime.

« Le contrat d'assurance (nous dit **M. Bravard**) a cinq qualités
» essentielles ; il est *consensuel*, c'est-à-dire formé par le seul con-
» cours des volontés ; *à titre onéreux*, *synallagmatique*, c'est-à-dire
» qu'il produit des engagements réciproques ; *aléatoire*, car il y a
» pour l'assureur chance de gain ou de perte ; et enfin de *bonne*
» *foi*, à tel point que, quand même la chose assurée aurait péri ,
» ou se serait trouvée à l'abri de tout danger au moment du con-
» trat. si les parties étaient dans l'ignorance de la perte de la chose
» ou de son heureuse arrivée. le contrat n'en serait pas moins
« valable.» Nous sommes loin de partager son opinion sur ce point ; en effet, l'assurance n'est parfaite que tout autant qu'elle a pour objet une chose qui donne lieu aux transactions commerciales, en outre, tout autant que l'assuré en est propriétaire au moment du contrat. Or, dans ce cas, ce dernier n'en est point propriétaire dès le moment que la chose a péri. Si au contraire la chose assu-rée est à l'abri de tout danger au moment du contrat, il n'y a plus pour l'assureur chance de gain ou de perte , l'assurance n'est plus aléatoire; d'ailleurs, nous dit Pardessus, le risque est de l'essence de ce contrat, il est le principal fondement sur lequel il repose, et l'on ne pourrait stipuler sur un risque qui n'existerait pas naturellement ou légalement.

Objet de l'Assurance.

L'objet principal , essentiel de ce contrat, c'est d'assurer toutes choses appréciables en argent, exposées au risque de la naviga-tion. Mais si ce contrat est destiné à suffire aux pertes survenues aux assurés, il ne doit jamais être pour eux un moyen de lucre. C'est ce que nous apprend Pothier au titre des assurances. Voici comment il s'exprime : « Le but licite de l'assurance étant d'épargner une perte à l'assuré dans le cas de sinistre, et non de lui procurer un bénéfice, on ne peut faire assurer que ce que l'on court risque de perdre et rien de plus.»

Les navires et leurs accessoires sont, parmi les choses susceptibles d'être assurées, celles qui occupent le premier rang. On peut de deux choses l'une : ou assurer généralement un navire, ou particulièrement divers objets du navire, qui, quoique faisant partie inséparable du navire, sont considérés dans ce cas comme autant de corps distincts.

L'assurance peut avoir aussi pour objet la cargaison d'un navire, c'est-à-dire les marchandises et autres objets. Si l'assurance porte généralement sur la cargaison, les objets appartenant spécialement à l'assuré tels que bijoux, effets désignés sous le nom de *pacotille*, se trouvent aussi compris dans le contrat d'assurance.

Les choses que le capitaine prend en remplacement de marchandises laissées dans un port où il a relâché, peuvent être aussi l'objet de l'assurance. L'effet de cette convention est principalement déterminée par les expressions même du contrat; si, par exemple, l'assurance n'a lieu que pour l'aller, il est évident que les marchandises dont se trouvera chargé le navire à son retour, ne seront point comprises dans l'assurance. La prime, c'est-à-dire le prix que l'assuré doit donner à l'assureur pour que ce dernier garantisse la chose objet du contrat, peut être, à son tour, l'objet d'une assurance. Ainsi Pierre assure Paul pour 500,000 fr. de marchandises, moyennant une prime de 10,000 fr. Il est évident que cette prime de 10,000 fr. est soumise aux chances de perte ; dans le cas où la cargaison, objet de l'assurance, viendrait à ne pas périr, l'assuré serait obligé de fournir ces 10,000 fr. à l'assureur; si, au contraire, la marchandise venait à périr, l'assureur, au lieu de rendre à l'assuré 500,000 fr., somme stipulée dans le contrat, ne donnerait que 490,000 fr. pour se payer de la prime fixée; en conséquence, Paul peut se faire assurer cette somme moyennant 10 p. 0[0 par Jean, qui serait, dans ce cas, tenu pour les neuf dixièmes; Jean pourrait en agir de même vis-à-vis d'un autre tiers, et ainsi de suite indéfiniment.

Les risques dont est tenu l'assureur sont : le naufrage, la tempête, la prise par les navires barbares, les abordages, etc. Dans ce dernier cas, il faut bien distinguer si l'abordage n'a pas été produit par la malveillance du capitaine ou de quelqu'un de l'équipage, ou bien si les manœuvres qui auraient pu l'éviter n'ont pas été faites par négligence ou par mauvaise volonté; dans ces cas, c'est à l'assureur à faire valoir, par des preuves, la négligence, la malveillance ou la faute volontaire.

Aux termes de l'art. 347, le contrat d'assurance est nul, s'il a pour objet certaines choses qui en sont expressément exclues, telles que le profit espéré des marchandises et autres qui pourraient devenir une cause certaine de fraude.

L'art. 348 dispose formellement que toute réticence ou fausse déclaration de la part de l'assuré, en général tout ce qui pourrait diminuer l'opinion du risque ou en changer le sujet, est une cause de nullité du contrat.

Nous ajouterons, en terminant, qu'on doit admettre comme règle générale en cette matière, que tous les sinistres sur mer qui ne sont pas le résultat de l'imprudence ou de la négligence des gens de l'équipage, sont à la charge des assureurs.

DROIT ADMINISTRATIF.

De la juridiction administrative gracieuse et contentieuse en matière de marchés publics.

Les marchés publics sont des adjudications de fournitures à faire pour le compte de l'état.

Ces marchés sont soumis à la juridiction gracieuse et contentieuse, selon qu'il y a un intérêt ou un droit lésé. Nous nous occuperons d'abord de la juridiction contentieuse, car c'est à elle plus particulièrement que se trouve soumise la matière des marchés publics ; en effet, dans cette matière aussi bien que dans celle des travaux publics, nous voyons s'appliquer la formule : *Intérêt spécial, émanant d'un intérêt général, discuté, en contact avec un droit privé.* Les fournitures pour les troupes tiennent évidemment aux intérêts de l'état considéré autrement que propriétaire, c'est l'*intérêt général.* L'adjudication, la manière à employer dans l'exécution, le sens dans lequel le fournisseur doit entendre son marché, tout cela constitue l'intérêt spécial. Cet intérêt spécial ne se trouve-t-il pas en contact avec le droit privé de l'individu adjudicataire, qui apporte son temps, son industrie, sa peine et souvent engage sa fortune ?

Le contentieux des marchés publics est dévolu aux ministres, en vertu du principe d'après lequel le ministre forme le tribunal administratif ordinaire , chargé de prononcer sur toutes les matières , qu'aucune disposition particulière n'a soustrait à leur juridiction.

Ils exercent leur juridiction , ou directement ou après instruction des préfets. Quoique leur compétence ait été généralement admise en principe , elle a été sous plusieurs points de vue contestée. Ainsi , on a décidé , en se fondant sur les termes de l'art. 14 du décret du 11 juin 1806 , qui attribue juridiction au conseil d'Etat , que lorsqu'il s'agit de marchés passés avec des ministres , le recours direct est ouvert devant le conseil d'Etat , de sorte que ce tribunal jugerait en premier et dernier ressort ; mais cette opinion ne sauraitêtreadmise, car le conseil d'Etat n'est compétent qu'après décision du ministre ; c'est ainsi qu'il l'a d'ailleurs lui-même décidé en statuant sur la décision du ministre, au lieu de l'annuler , ainsi qu'il aurait dû le faire , s'il avait réellement reconnu ce dernier incompétent.

D'un autre côté , la jurisprudence , contrairement aux vrais principes , a attribué compétence aux conseils de préfecture, sur les contestations de fournitures départementales passées par le préfet (27 mai 1816, Levacher-Duplessis). Mais elle ne peut faire loi ; si les marchés passés par le préfet l'ont été dans l'intérêt du département , les tribunaux civils sont les seuls compétents ; s'ils l'ont été dans l'intérêt de l'état , le ministre seul doit statuer après instruction du préfet.

Malgré ces diverses opinions précitées et qui se trouvent soutenues par quelques arrêts du conseil d'Etat , la compétence des ministres , relativement à la matière que nous traitons , est reconnue par une jurisprudence à peu près constante. Ils statuent , par exemple , chacun en ce qui concerne leur département ministériel : au contentieux , sur la liquidation des fournitures faites par les communes en vertu de réquisitions pour les besoins de l'armée ; sur les contestations entre plusieurs particuliers qui se disent entrepreneurs , sur l'interprétation des clauses du marché ; ces mêmes principes sont applicables aux maîtres de poste et aux traités passés avec les cultivateurs de tabac. Ils statuent au gracieux , quant à l'approbation des marchés passés de gré à gré avec leurs délégués , quand il s'agit de dégager l'adjudicataire de toute obligation , alors que pour une cause imprévue il se trouve dans l'impossibilité de s'acquitter envers l'état ; quand ils déclarent nuls les marchés passés par des employés subalternes , tels que préfets , directeurs , etc. , lors même que ces marchés auraient été faits d'urgence , car il faut toujours l'approbation du ministre.

Leur compétence administrative s'étend aussi à la résiliation des marchés définitifs, sauf l'application des règles contentieuses pour les résultats de la résiliation.

Il y a, quant à la compétence contentieuse en matière de marchés publics , une grande différence avec les travaux publics , à propos desquels on peut appliquer la formule générale de compétence citée plus haut. En effet, en matière de travaux publics , la compétence n'est plus pour ainsi dire générale, mais restreinte, en ce sens que ce n'est plus aux divers ministres qu'il appartient de décider, chacun dans ses attributions, mais aux tribunaux administratifs, dans le ressort desquels se trouvent les travaux exécutés et au sujet desquels s'est élevé le débat.

Vu par le président de la Thèse ,

CHAUVEAU-ADOLPHE.

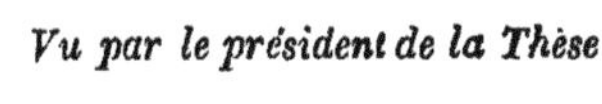

Cette Thèse sera soutenue, le 21 novembre , devant la Faculté de Droit de Toulouse.

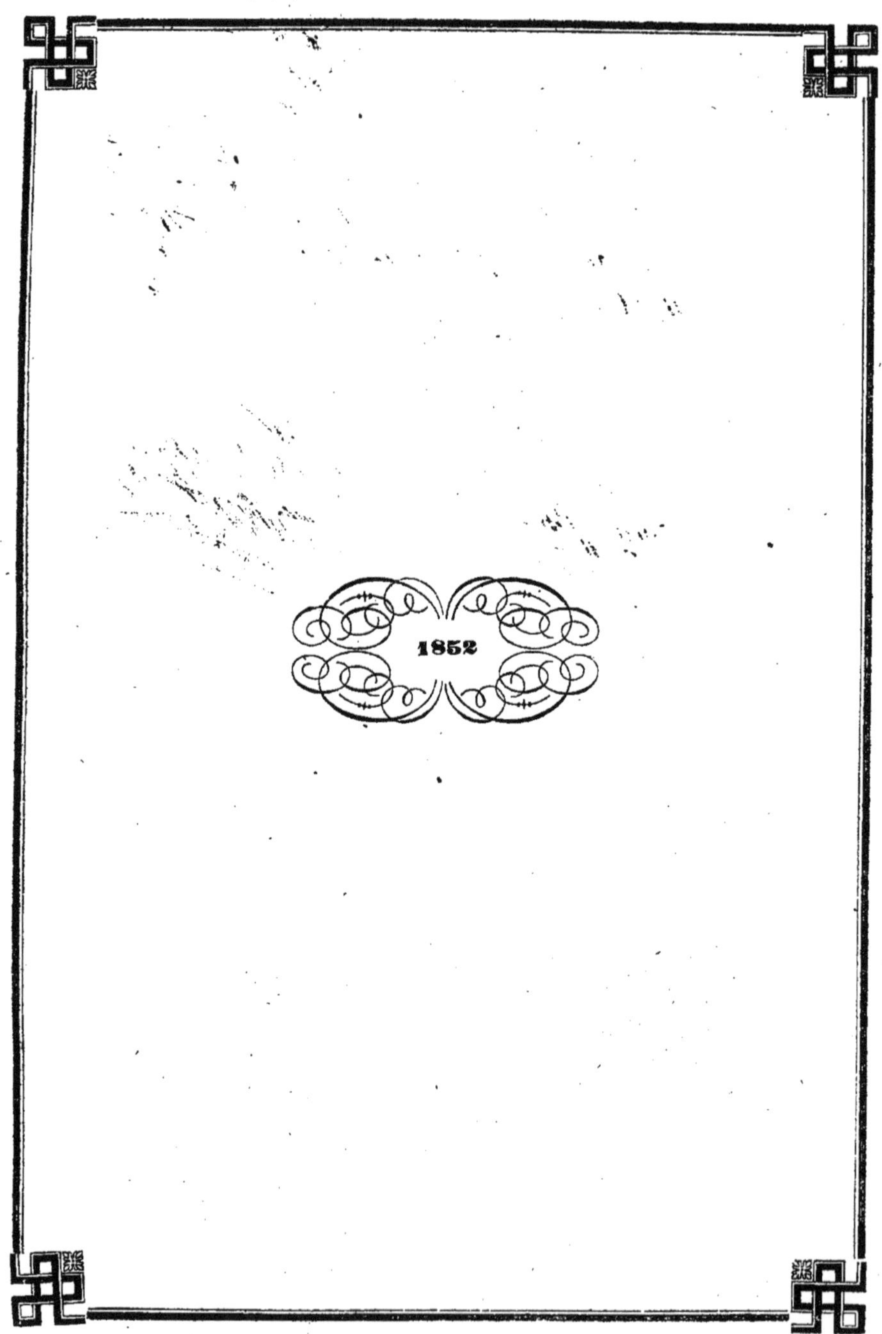
1852